MINECRAFT

IDEAS PARA CONSTRUIR

TEXTOS
Shari Last
y
Julia March

MODELOS
Alexander Blais
y
Jonas Kramm

DK

CONTENIDO

8	Mesa de encantamientos
9	Zombi errante
10	Minibiomas
12	El mapa del tesoro
13	¡Caras divertidas!
14	Una seta acogedora
16	Una casa de altura
17	Microisla flotante
18	Baja a la mina
20	Una cabaña nevada
22	Torre de avanzada
24	Un cofre seguro
25	Adorno explosivo
26	Un fiero aliado
27	Espada de diamante
28	Bloques de construcción
30	Circuito rocoso
32	¡Mola la geoda!
33	Rana de pantano
34	Un día de playa
35	La calabaza perfecta
36	Construye tu propia aventura

38	Obstáculos difíciles	58	Súper sniffer
40	La captura del día	59	Lapicero avícola
41	Compañeros de corral	60	Un banco de peces
42	Hallazgos submarinos	62	Barco del End
44	¡Encendido!	63	Dragón del Ender
45	¡Hala, un allay!	64	Esqueletos tiradores
46	Biblioteca	66	Pirámide misteriosa
48	Haz crecer tu mundo	68	En busca del dragón
50	De visita en la armería	70	Escena acuática: instrucciones
52	Cubo secreto	74	Piezas útiles
54	Un montón de ajolotes	76	Agradecimientos / Los creadores
56	Una casa creeper		
57	La cabaña de la bruja		

Descubre cómo construir estos modelos acuáticos en la p. 70.

MESA DE ENCANTAMIENTOS

Dales un toque mágico a tus objetos de Minecraft creando tu propia mesa de encantamientos LEGO® Minecraft®. ¡Complétala con un libro de hechizos giratorio!

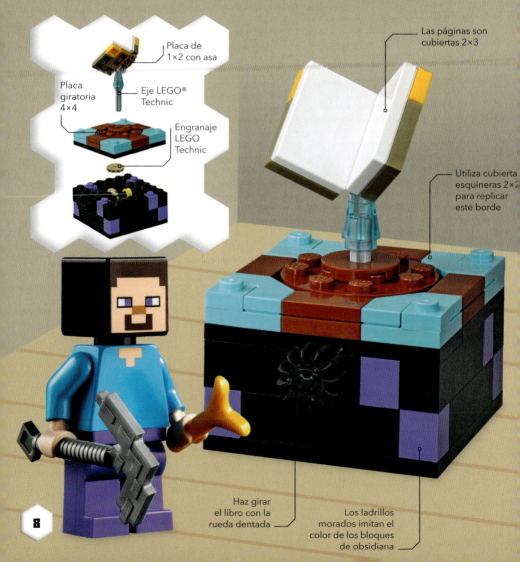

Placa de 1×2 con asa

Placa giratoria 4×4

Eje LEGO® Technic

Engranaje LEGO Technic

Las páginas son cubiertas 2×3

Utiliza cubierta esquineras 2×2 para replicar este borde

Haz girar el libro con la rueda dentada

Los ladrillos morados imitan el color de los bloques de obsidiana

ZOMBI ERRANTE

¿Oyes gruñidos? Tal vez sea este zombi verde. Constrúyelo con grandes brazos y piernas móviles y déjalo vagar por ahí.

Usa placas conectoras para que los ojos queden centrados

Las capas de placas azules recrean la desaliñada camiseta del zombi

Ladrillo 1×2 con orificio

Pasador LEGO Technic

Las tejas ofrecen espacio para el movimiento de las piernas

Ladrillos-bisagra y placas permiten mover las piernas

MINIBIOMAS

Estos microbiomas sorprenden a lo grande con piezas pequeñas. Crea arboledas, selvas, ríos y tundras en miniatura y en poco tiempo habrás cubierto el Mundo superior. ¿Y si añades micropersonajes?

Placas rosas apiladas a modo de cerezos en flor

Una casa en la cima de una colina

BOSQUE DE CEREZOS

Usa diferentes colores para recrear las rocas de los páramos

MICRO-CONSTRUCCIONES

Las microconstrucciones son pequeñas en tamaño, pero están llenas de detalles. Los elementos LEGO® pequeños ofrecen grandes resultados: ¡estas cubiertas azules transparentes 1×2 son perfectas como pequeñas cascadas!

Cascada hecha con cubiertas 1×2

PÁRAMO

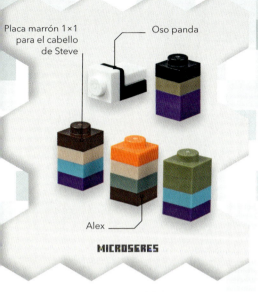

Placa marrón 1×1 para el cabello de Steve

Oso panda

Alex

MICROSERES

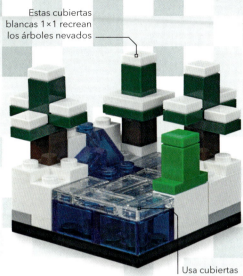

Estas cubiertas blancas 1×1 recrean los árboles nevados

Usa cubiertas transparentes para imitar el hielo

RÍO HELADO

El cuerpo del loro está hecho con una placa dentada 1×1

Piezas esquineras 1×1×1 para los torreones de un templo

Estas puntas de zanahorias parecen tallos de bambú

SELVA

INTÉNTALO

Los mundos de Minecraft se componen de pequeños entornos llamados biomas. Utiliza cubiertas y placas para conectar muchos microbiomas y crea tu propio micromundo de Minecraft.

11

EL MAPA DEL TESORO

Anima a tus amigos a que busquen un premio oculto en tu mundo de Minecraft usando como guía un mapa de piezas LEGO. Usa diferentes colores para los biomas y el terreno que han de cruzar para llegar a la «X».

¡La «X» marca la meta!

Emplea cubiertas de color naranja oscuro para los páramos

Esta cubierta curva blanca marca tu posición

Mezcla cubiertas grandes y pequeñas para recrear los bordes desgastados del mapa

Refuerza la construcción con placas de dos filas de ancho

¡CARAS DIVERTIDAS!

¡Qué tierna es la cara de esta ovejita! Construye más caras de criaturas, ya sean amistosas, somo esta oveja y sus amigos, o bien hostiles, como un creeper o un Enderman… si te atreves.

UNA SETA ACOGEDORA

¡Qué casita tan hermosa! ¡Es una seta! El sombrero es el tejado, y hay dos acogedoras habitaciones dentro del pie. Añade un pequeño jardín y habrás acabado.

El sombrero de la seta tiene dos espigas de altura

Las piezas transparentes parecen brillantes farolillos

Crea verduras de hoja verde con elementos florales

El cartel del huerto es una cubierta 2×3

VISTA FRONTAL

INTÉNTALO

Amplía tu aldea creando más casas inspiradas en frutas y verduras. ¿Imaginas un melón-bungaló, una tarta-caravana o un alto edificio de apartamentos con manzanas?

En esta casa no hay dónde «setarse»...

Usa una cubierta 1×6 para la verja del jardín

Pon algunas canciones con este tocadiscos de cubiertas 2×2 impresas

VISTA TRASERA

Las placas grandes dan estabilidad a la casa

CULTIVO DE SETAS

¡Añade un huerto de setas para empezar a cultivar tu próxima vivienda en el bosque! ¿Construirás champiñones marrones, rojos o de ambos colores?

Apila varias placas 1×1 para crear los champiñones

15

UNA CASA DE ALTURA

Tus minifiguras LEGO Minecraft necesitan un lugar para relajarse y ocultarse de las explosiones de creepers, como esta casa en un árbol.

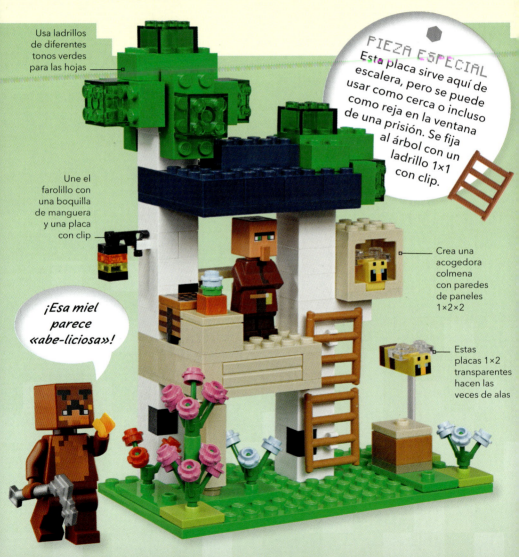

Usa ladrillos de diferentes tonos verdes para las hojas

PIEZA ESPECIAL
Esta placa sirve aquí de escalera, pero se puede usar como cerca o incluso como reja en la ventana de una prisión. Se fija al árbol con un ladrillo 1×1 con clip.

Une el farolillo con una boquilla de manguera y una placa con clip

¡Esa miel parece «abe-liciosa»!

Crea una acogedora colmena con paredes de paneles 1×2×2

Estas placas 1×2 transparentes hacen las veces de alas

MICROISLA FLOTANTE

Tu siguiente proyecto podría ser esta isla flotante: es genial como base de operaciones. Podrás vigilar a tus enemigos y disfrutar de unas vistas increíbles.

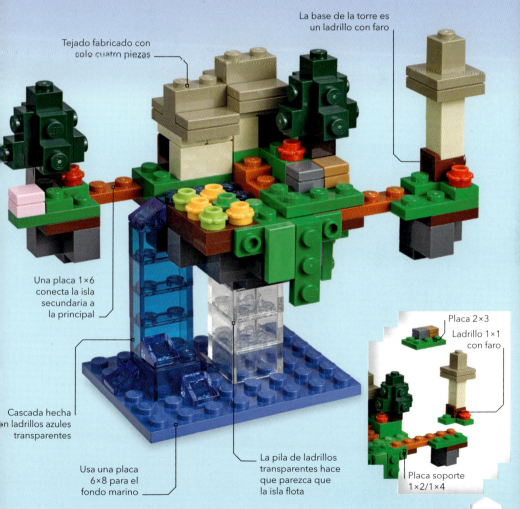

- Tejado fabricado con solo cuatro piezas
- La base de la torre es un ladrillo con faro
- Una placa 1×6 conecta la isla secundaria a la principal
- Cascada hecha con ladrillos azules transparentes
- Usa una placa 6×8 para el fondo marino
- La pila de ladrillos transparentes hace que parezca que la isla flota
- Placa 2×3
- Ladrillo 1×1 con faro
- Placa soporte 1×2/1×4

17

BAJA A LA MINA

¿Te atreves a explorar una mina? Ahí abajo puede haber cofres, telarañas o incluso oro enterrado. O tal vez algo (o alguien) mucho más aterrador…

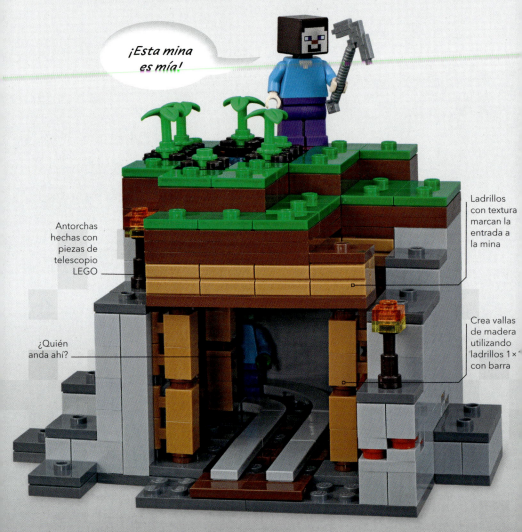

¡Esta mina es mía!

Antorchas hechas con piezas de telescopio LEGO

¿Quién anda ahí?

Ladrillos con textura marcan la entrada a la mina

Crea vallas de madera utilizando ladrillos 1×1 con barra

ARAÑAS DE LAS CUEVAS

En las minas acechan espeluznantes arañas de las cuevas. Utiliza cubiertas, placas-bisagra y ladrillos para crear arácnidos increíbles.

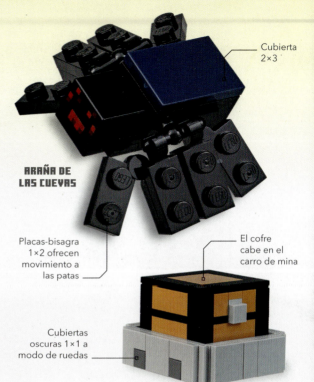

ARAÑA DE LAS CUEVAS

Cubierta 2×3

Placas-bisagra 1×2 ofrecen movimiento a las patas

El cofre cabe en el carro de mina

Cubiertas oscuras 1×1 a modo de ruedas

CARRO DE MINA CON COFRE

TRUCO
Crea una superficie verde bajo la que ocultar la mina. Emplea puntas de zanahoria y placas marrones para un bioma de césped, y piezas blancas para un bioma nevado.

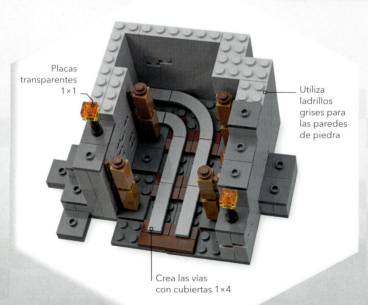

Placas transparentes 1×1

Utiliza ladrillos grises para las paredes de piedra

Crea las vías con cubiertas 1×4

UNA CABAÑA NEVADA

En la llanura nevada hace mucho frío. Crea esta acogedora cabaña en el pueblo para tus minifiguras. ¡E invita a algunas criaturas para que no pasen frío!

Pila de bloques de hielo

Crea pilas de nieve con cubiertas y placas blancas

Brrr... ¡Debes de estar helado hasta los huesos!

Conecta varias placas para crear una parcela mayor

Añade un horno con este ladrillo 1×2 estampado

Los ladrillos tronco 1×2 dan calidez a la atmósfera

VISTA TRASERA

Ladrillos 1×1 grises apilados a modo de chimenea

Ladrillo 1×1 con espiga lateral

Placa redonda 1×1 con barra

Cubierta 1×1 con clip

La hierba alta asoma por encima de la nieve

Errante con arco y flecha

TRUCO

Crea un terreno variado apilando placas. Empieza por una placa marrón para la tierra; añade placas verdes para las plantas y el césped. Remata con piezas blancas que imiten la nieve recién caída.

21

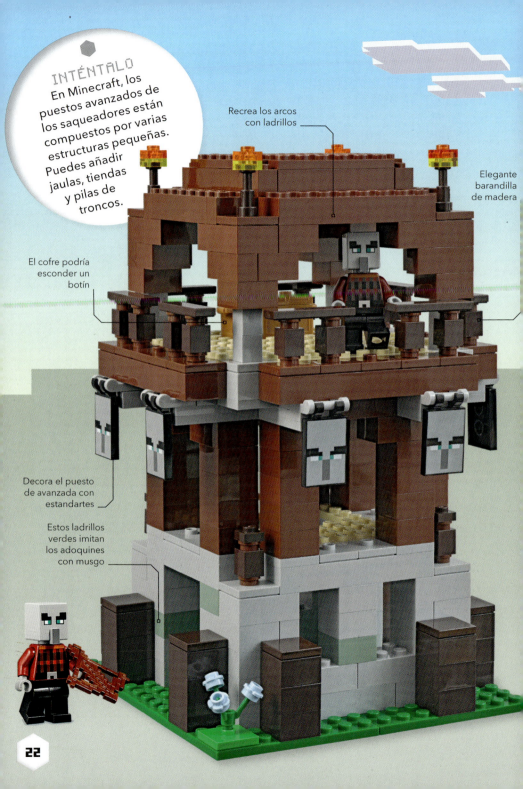

TORRE DE AVANZADA

¿Podrán tus minifiguras evitar a los saqueadores en esta torre de avanzada? Si lo hacen, podrán jugar al tiro con arco, buscar el tesoro y tal vez atrapar a los saqueadores en su torre retirando las escaleras.

¡DIANA!

Saqueadores y minifiguras pueden practicar sus habilidades con el arco con estos maniquíes. Usa ladrillos amarillos con orificios para recrear el cuerpo de paja.

Cabeza de calabaza impresa unida a la placa conectora

¿A quién llamas tonto?

Los brazos se mueven gracias al pasador LEGO Technic

MANIQUÍES PARA LAS PRÁCTICAS CON ARCO

Sostén el piso superior con estos ladrillos

Escalerilla

Una pila de ladrillos marrones imita los pilares de roble oscuro

23

UN COFRE SEGURO

En Minecraft no es buena idea dejar tus objetos por ahí. Guarda tus herramientas, armaduras, comida, pociones y objetos de valor en este gran cofre.

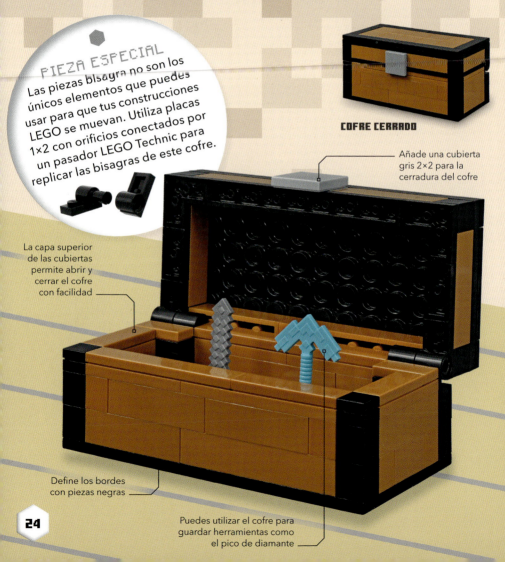

PIEZA ESPECIAL
Las piezas bisagra no son los únicos elementos que puedes usar para que tus construcciones LEGO se muevan. Utiliza placas 1×2 con orificios conectados por un pasador LEGO Technic para replicar las bisagras de este cofre.

COFRE CERRADO

Añade una cubierta gris 2×2 para la cerradura del cofre

La capa superior de las cubiertas permite abrir y cerrar el cofre con facilidad

Define los bordes con piezas negras

Puedes utilizar el cofre para guardar herramientas como el pico de diamante

ADORNO EXPLOSIVO

Dale a tu árbol de Navidad un toque de Minecraft con un adorno de TNT. ¡Es la decoración invernal favorita de criaturas explosivas como withers y creepers!

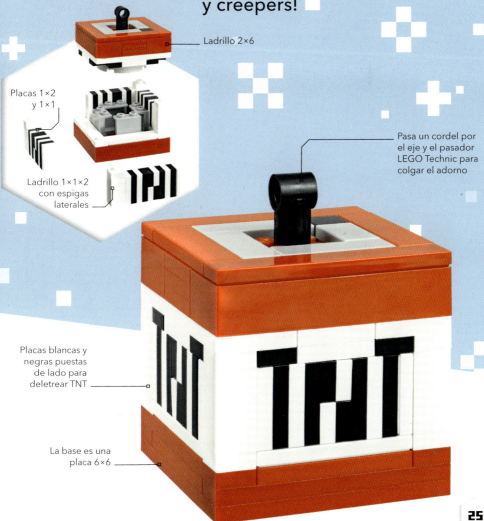

Ladrillo 2×6

Placas 1×2 y 1×1

Ladrillo 1×1×2 con espigas laterales

Pasa un cordel por el eje y el pasador LEGO Technic para colgar el adorno

Placas blancas y negras puestas de lado para deletrear TNT

La base es una placa 6×6

UN FIERO ALIADO

Este héroe de largos brazos es temible para los monstruos, pero un amigo para los aldeanos inocentes. No olvides su amapola roja, símbolo de amistad.

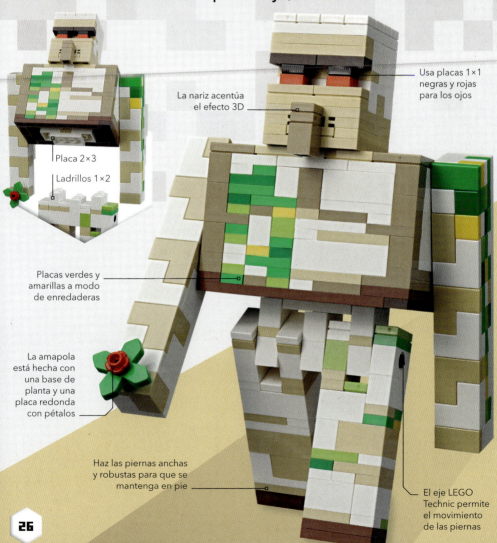

Placa 2×3

Ladrillos 1×2

La nariz acentúa el efecto 3D

Usa placas 1×1 negras y rojas para los ojos

Placas verdes y amarillas a modo de enredaderas

La amapola está hecha con una base de planta y una placa redonda con pétalos

Haz las piernas anchas y robustas para que se mantenga en pie

El eje LEGO Technic permite el movimiento de las piernas

ESPADA DE DIAMANTE

La espada de diamante es una de las armas más poderosas de Minecraft. Crea esta versión LEGO y ármate contra criaturas hostiles de todo tipo.

ENVÉS

Las placas deslizantes 2×2 mantienen las piezas en su lugar

Utiliza placas normales y esquineras para crear la forma de la espada

Mezcla dos tonos de cubiertas azules para lograr el efecto de gema

Emplea cubiertas 1×1 para el patrón a cuadros

Cubiertas marrones para la empuñadura

¡Una construcción bien afilada!

BLOQUES DE CONSTRUCCIÓN

Los bloques son las unidades básicas para crear tu propio y fantástico mundo de Minecraft. Puedes recrear tus bloques favoritos en miniatura utilizando piezas de LEGO.

Esta placa verde recrea una capa fina de césped

Los minibloques están compuestos por cinco elementos

CAPAS DE NIEVE

BLOQUE DE HIERBA

La cubierta superior aporta al bloque una apariencia suave

OBSIDIANA

Puedes imitar el musgo con placas color verde oliva

ADOQUÍN MUSGOSO

28

Pistón fabricado con cubierta 2×2 sobre ladrillo 1×1

La placa conectora gris forma una base de adoquines

PISTÓN

INTÉNTALO
Usa tus minibloques para crear construcciones más grandes, como en Minecraft. Sustituye las cubiertas superiores de los bloques por placas y conecta los bloques como harías en el juego.

Las piezas transparentes «brillan» como la lava

LAVA

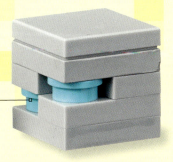

Las placas redondas 1×1 dan al mineral una apariencia irregular

MENA DE DIAMANTE

¡Regreso al punto de partida!

Ladrillo con textura 1×2 a modo de tablas de madera

TABLONES DE ABEDUL

CIRCUITO ROCOSO

Los pasajeros que se atrevan a subir a esta vagoneta disfrutarán de una bajada de lo más salvaje, atravesando cuevas y obstáculos. Grita si quieres ir más rápido (o si quieres bajarte).

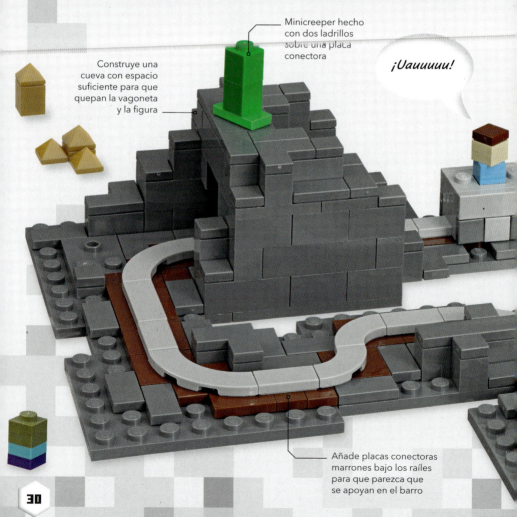

Minicreeper hecho con dos ladrillos sobre una placa conectora

Construye una cueva con espacio suficiente para que quepan la vagoneta y la figura

¡Uauuuuu!

Añade placas conectoras marrones bajo los raíles para que parezca que se apoyan en el barro

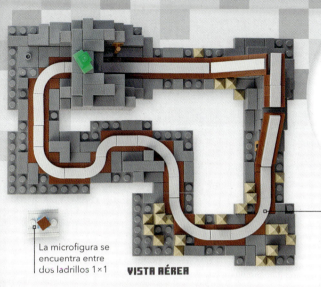

TRUCO

El circuito está hecho de cubiertas lisas para que el carro se deslice sobre ellas. Mantén el área en torno a la pista libre de obstáculos para que no bloqueen el camino de la vagoneta.

La microfigura se encuentra entre dos ladrillos 1×1

VISTA AÉREA

Crea las curvas del recorrido con cubiertas esquineras redondas 4×4

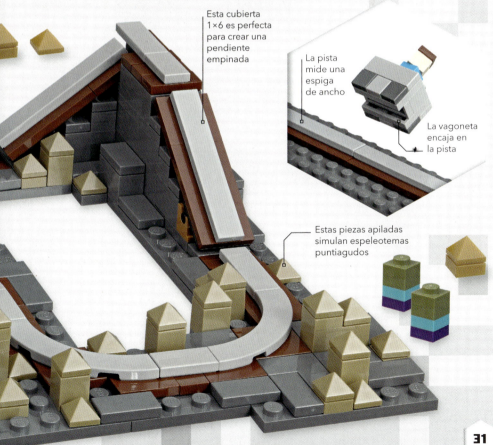

Esta cubierta 1×6 es perfecta para crear una pendiente empinada

La pista mide una espiga de ancho

La vagoneta encaja en la pista

Estas piezas apiladas simulan espeleotemas puntiagudos

31

¡MOLA LA GEODA!

Esta minifigura minera busca objetos raros. Construye una geoda con brillantes ladrillos de amatista en su interior para que la descubra. ¡Qué golpe de suerte!

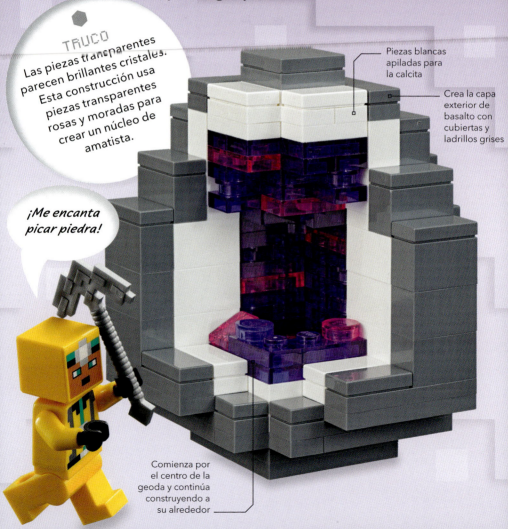

TRUCO
Las piezas transparentes parecen brillantes cristales. Esta construcción usa piezas transparentes rosas y moradas para crear un núcleo de amatista.

Piezas blancas apiladas para la calcita

Crea la capa exterior de basalto con cubiertas y ladrillos grises

¡Me encanta picar piedra!

Comienza por el centro de la geoda y continúa construyendo a su alrededor

RANA DE PANTANO

¡Croa-nstruye esta simpática rana! Habita en un pantano templado, por lo que su piel es de color naranja. Puede abrir la boca, siempre lista para croar.

¡Croac!

Ojos saltones de ladrillo

Crea las patas traseras en torno al cuerpo

Pies anchos y planos para una mayor estabilidad

Cubiertas y ladrillos marrones para una sonrisa amistosa

Las placas con clip y barra funcionan como una bisagra

Cubierta 1×4

Cubierta 1×1

Placa 1×2 con conector de bola de unión

Placa 1×2 con bola de unión

UN DÍA DE PLAYA

Nada como esta playa para que tus minifiguras se relajen. Tiene mar, arena, un embarcadero e incluso un zombi en busca de tortugas... ¿o tal vez una tortuga en busca de zombis?

Estas placas amarillas 1×1 con pétalos hacen las veces de dientes de león

Apila placas 1×1 estampadas para recrear los huevos de la tortuga

INTÉNTALO
Si no tienes piezas del color adecuado para la arena de la playa, puedes crear una playa nevada con elementos blancos o una costa pedregosa con piezas grises.

Ladrillos redondos y placas 1×1 para las plantas

Añade un foso a tu castillo de arena con piezas transparentes

Las cubiertas verdes se unen a una placa 1×1 con anillo

Las placas-bisagra permiten que las aletas se muevan

LA CALABAZA PERFECTA

Esta calabaza cuadrada LEGO® Minecraft® es la estrella de cualquier huerto. ¡Y es perfecta para los adornos y juegos típicos de otoño!

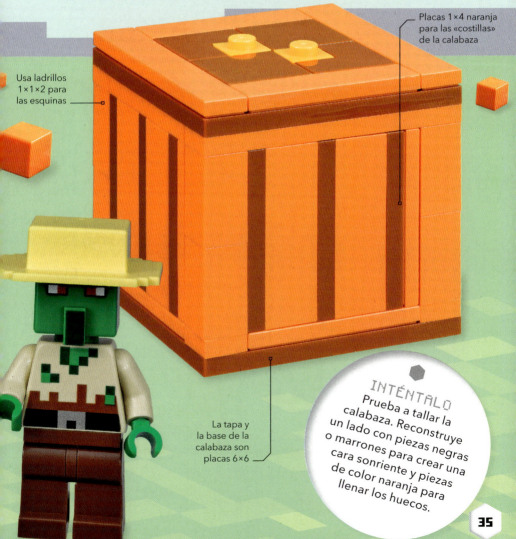

Placas 1×4 naranja para las «costillas» de la calabaza

Usa ladrillos 1×1×2 para las esquinas

La tapa y la base de la calabaza son placas 6×6

INTÉNTALO
Prueba a tallar la calabaza. Reconstruye un lado con piezas negras o marrones para crear una cara sonriente y piezas de color naranja para llenar los huecos.

35

CONSTRUYE TU PROPIA AVENTURA

Desarrolla tu propia y emocionante historia de Minecraft. ¿Qué será? ¿Un audaz rescate, la búsqueda de un tesoro escondido o una feroz batalla entre criaturas? ¡Depende de ti!

EXPLORADORA DE LA SELVA

ESQUELETO

INTÉNTALO
¿Y si tomas un cuento de hadas y le das un toque al estilo Minecraft? ¡Alex podría subir por la habichuela gigante y encontrar un wither, o la exploradora podría olvidar su pico en el baile!

PICO

La minifigura es la heroína de la historia

HUEVO

BLOQUE DE TNT

JARDÍN PARA PICNIC

CREEPER

ESPADA

Estas criaturas LEGO Minecraft pueden funcionar como accesorios para el juego

AJOLOTE

COFRE

ALDEANO ZOMBI

RANA

Érase una vez un bioma...

Añade detalles para ambientar tu historia

FORTALEZA DE HIELO

Elige herramientas que encajen con la historia

CÓMO JUGAR

1. Llena una bolsa con piezas LEGO, como minifiguras, accesorios y ladrillos de diversos colores que puedan recrear diferentes biomas.

2. Extrae cuatro elementos: una minifigura, dos accesorios y un ladrillo que muestre el bioma en el que vayas a ambientar tu historia.

3. Construye tu escena LEGO en el bioma. ¡Ahora toma tus minifiguras y accesorios y crea tu propia historia de aventuras!

GATO

37

OBSTÁCULOS DIFÍCILES

Crea una carrera de obstáculos de Minecraft a través de tierras de cultivo, océanos y campos de lava. ¿Quién será el primero en llegar al portal en ruinas?

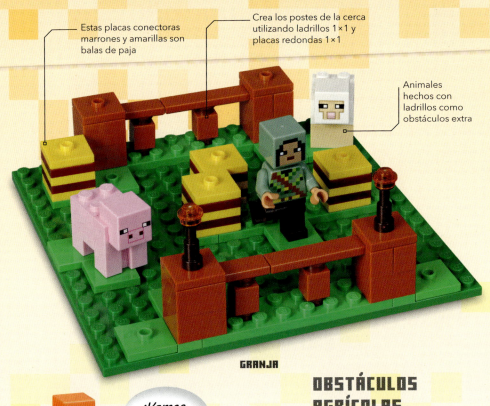

Estas placas conectoras marrones y amarillas son balas de paja

Crea los postes de la cerca utilizando ladrillos 1×1 y placas redondas 1×1

Animales hechos con ladrillos como obstáculos extra

GRANJA

¡Vamos, Steve!

OBSTÁCULOS AGRÍCOLAS

Comienza la carrera de obstáculos con esta locura de granja. Salta por encima de las vallas, zigzaguea por balas de paja y esquiva a los animales.

RÁPIDOS

Las minifiguras han de bajar los rápidos del río de baldosas transparentes, evitando la tierra y los nenúfares.

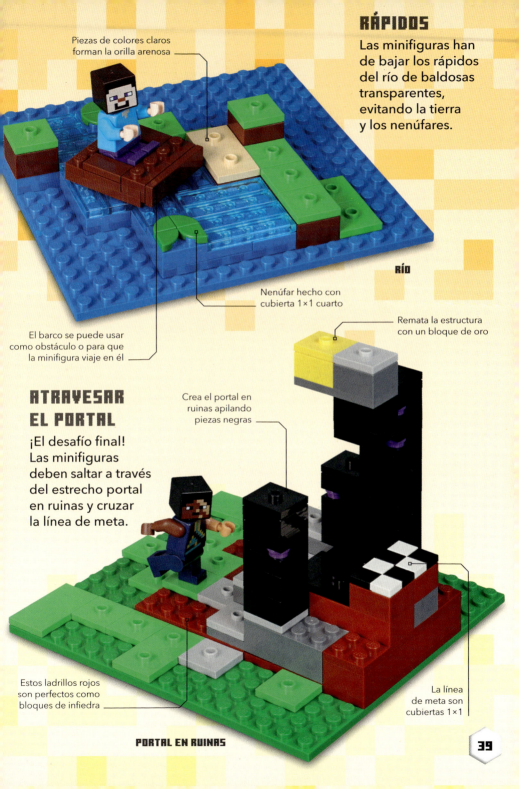

Piezas de colores claros forman la orilla arenosa

RÍO

Nenúfar hecho con cubierta 1×1 cuarto

El barco se puede usar como obstáculo o para que la minifigura viaje en él

Remata la estructura con un bloque de oro

ATRAVESAR EL PORTAL

¡El desafío final! Las minifiguras deben saltar a través del estrecho portal en ruinas y cruzar la línea de meta.

Crea el portal en ruinas apilando piezas negras

Estos ladrillos rojos son perfectos como bloques de infiedra

La línea de meta son cubiertas 1×1

PORTAL EN RUINAS

39

LA CAPTURA DEL DÍA

Comienza a crear esta cabaña de pesca. Está construida sobre pilotes junto a un lago. ¿A qué esperas? ¡Seguro que pescas algo!

Estas piezas naranjas simulan tablones de madera de acacia

El techo se une con placas conectoras 2×2

La bisagra de la puerta está hecha de placas con clips y placas con ganchos

¡Esta cabaña de pesca es genial!

Pilas de ladrillos 1×1 a modo de pilotes

Escalera construida con ladrillos 2×2

COMPAÑEROS DE CORRAL

En Minecraft abundan las gallinas. Si a ti también te gustan, ponte manos a la obra y crea unas cuantas: te proporcionarán alimento, plumas y huevos.

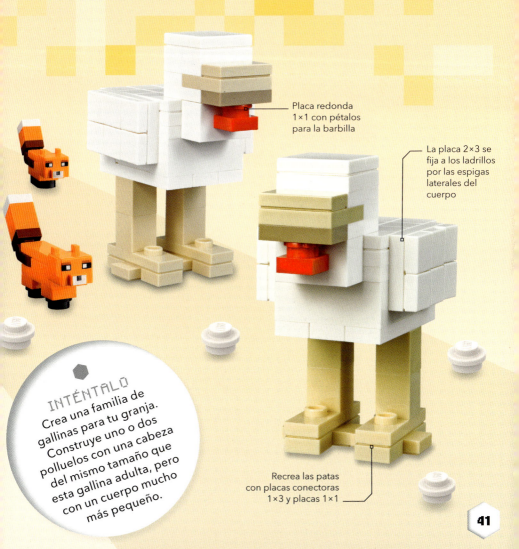

Placa redonda 1×1 con pétalos para la barbilla

La placa 2×3 se fija a los ladrillos por las espigas laterales del cuerpo

Recrea las patas con placas conectoras 1×3 y placas 1×1

INTÉNTALO
Crea una familia de gallinas para tu granja. Construye uno o dos polluelos con una cabeza del mismo tamaño que esta gallina adulta, pero con un cuerpo mucho más pequeño.

HALLAZGOS SUBMARINOS

Construye unas ruinas cubiertas de algas en el fondo del mar y envía a tus minifiguras a explorarlas. ¿Encontrarán oro, joyas o un mapa del tesoro?

Detalles tallados en piedra con espigas hacia fuera

¿Ruinas bajo el mar? ¡Allá vamos!

Apila placas redondas 1×1 para crear algas

Añade un destello de oro con ladrillos de color amarillo arena

TORRE EN RUINAS

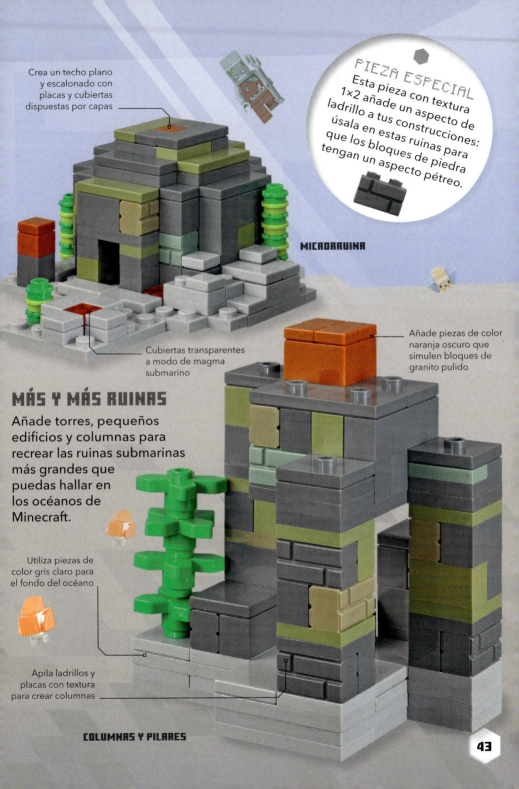

¡ENCENDIDO!

En Minecraft, los bloques de redstone proporcionan polvo de redstone, que sirve para impulsar diferentes elementos. Para hallar el redstone en LEGO no necesitas usar un pico: solo tus ladrillos.

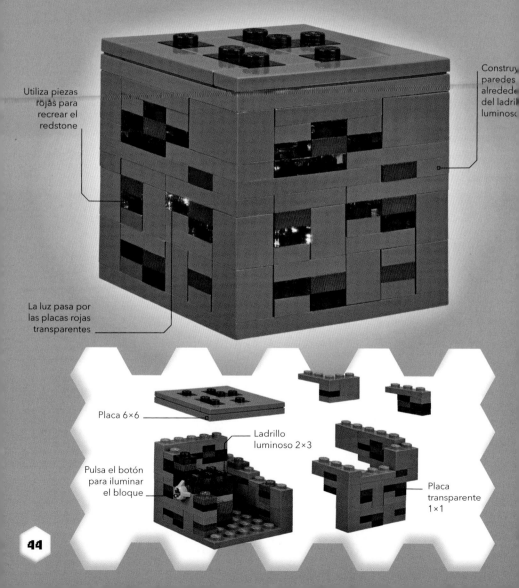

Utiliza piezas rojas para recrear el redstone

Construye paredes alrededor del ladrillo luminoso

La luz pasa por las placas rojas transparentes

Placa 6×6

Ladrillo luminoso 2×3

Pulsa el botón para iluminar el bloque

Placa transparente 1×1

¡HALA, UN ALLAY!

Un allay es una criatura voladora que recoge artículos para ti. Sus alas le permiten volar rápido… y tal vez bailar con música de Minecraft por el camino.

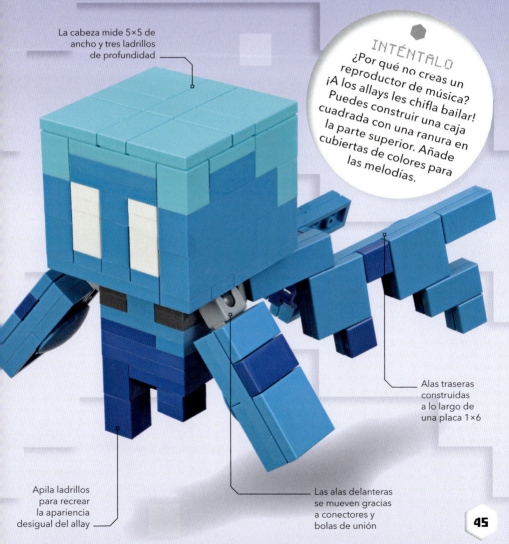

La cabeza mide 5×5 de ancho y tres ladrillos de profundidad

INTÉNTALO
¿Por qué no creas un reproductor de música? ¡A los allays les chifla bailar! Puedes construir una caja cuadrada con una ranura en la parte superior. Añade cubiertas de colores para las melodías.

Alas traseras construidas a lo largo de una placa 1×6

Apila ladrillos para recrear la apariencia desigual del allay

Las alas delanteras se mueven gracias a conectores y bolas de unión

45

BIBLIOTECA

En esta acogedora biblioteca hay estanterías, lámparas, armarios de roble, un atril y, cómo no, un bibliotecario que exige silencio. ¡Y eso incluye hablar de LEGO Minecraft!

Añade una capa de cubiertas sobre las paredes

¡Shhhhh!

La entrada de la biblioteca es suficientemente alta como para que pase una minifigura

INTÉNTALO
En Minecraft, las bibliotecas pueden integrarse en una estructura de piedra llamada fortaleza. Expande tu biblioteca y conviértela en una fortaleza con una sala con portal del End, celdas y túneles secretos.

Haz una mesita auxiliar con una escuadra invertida 1×2/1×2

Escuadra 1×2/2×2 para el respaldo de la silla

46

HAZ CRECER TU MUNDO

Cultiva un vivero. Puedes recrear árboles, flores y plantas de Minecraft, o usar tu imaginación para crear especies totalmente nuevas.

Las cubiertas semicirculares 1×1 forman parte de un nenúfar

Los brotes de zanahoria amarillos parecen espigas de trigo

Usa un ladrillo 2×2 como base de tierra

NENÚFAR

TRIGO

Une cubiertas a un ladrillo 1×1 con cuatro espigas laterales para crear una flor chorus

Placa conectora redonda 2×2 en ángulo hacia el sol

Apila piezas de plantas para obtener un tallo alto

Haz una base de piedra del End con ladrillos de color arena

PLANTA CHORUS

GIRASOL

48

INTÉNTALO

¿Por qué no ir más allá y crear versiones a tamaño natural de tus creaciones florales para decorar tu casa? Piensa en los rasgos básicos de cada planta y cómo podrías hacerlos a escala.

Apila ladrillos redondos 1×1 para crear cañas de azúcar

CAÑA DE AZÚCAR

Esta flor del centro es un cono 1×1

PLANTORCHA

Las filas de espigas parecen espinas de cactus

CACTUS

A estas plantas les encantan las matemáticas: ¡tienen raíces cuadradas!

Usa escuadras para construir hacia los lados

Apila tallos de flores para agregar más flores

ROSAL

49

DE VISITA EN LA ARMERÍA

Pásate por la armería para mejorar tus armas: encontrarás al armero pegado a la piedra de afilar. Si eres amable tal vez te ofrezca un arma rara.

- Dispón placas y cubiertas en forma de pirámide
- Esta cubierta redonda 1×1 parece una chimenea
- Cubiertas con clips a modo de barrotes para la ventana
- Añade barras como columnas
- Construye la puerta de la armería con ladrillos y placas

INTÉNTALO
Reúne tus picos, ballestas y espadas LEGO para que el armero les dé un repaso. Si no tienes estos accesorios, constrúyelos usando barras, piezas telescópicas y placas.

Apila ladrillos y placas para que parezcan troncos largos

Utiliza piezas verdes y marrones para la base de este refugio

Esta piedra de afilar está hecha con un ladrillo 1×1 con espigas laterales y cubiertas

LA PIEDRA DE AFILAR

Un aldeano armero usa la piedra de afilar para fabricar herramientas y armas. Construye una armería al aire libre con techo de troncos y un camino de cubiertas marrones.

¡Creeper a la vista! Voy a hacer un cerrojo para la puerta.

CUBO SECRETO

Aunque no lo parezca, ¡este cubo es un escondite para guardar lingotes de oro y otros tesoros! Te ayudará a poner tus secretos a salvo de criaturas curiosas.

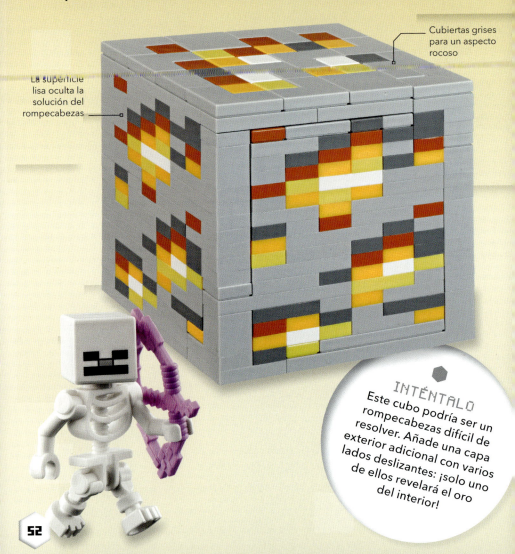

Cubiertas grises para un aspecto rocoso

La superficie lisa oculta la solución del rompecabezas

INTÉNTALO
Este cubo podría ser un rompecabezas difícil de resolver. Añade una capa exterior adicional con varios lados deslizantes: ¡solo uno de ellos revelará el oro del interior!

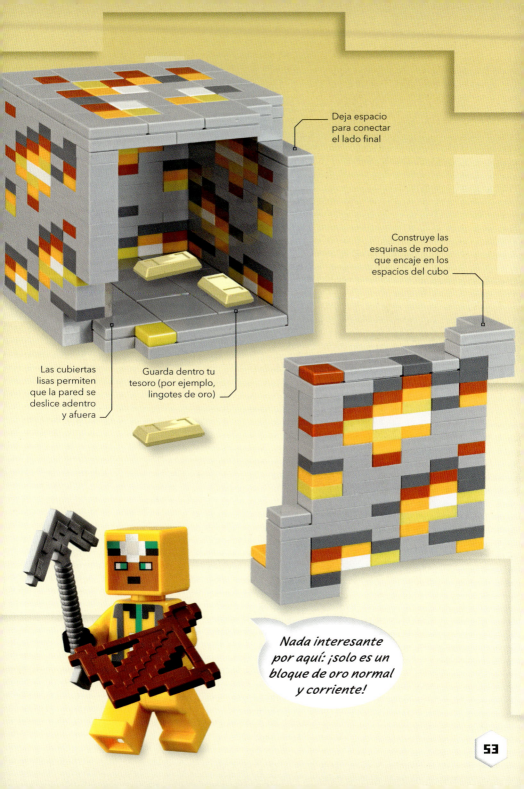

UN MONTÓN DE AJOLOTES

Estos ajolotes se convertirán pronto en tus aliados anfibios. Crea estas hermosas criaturas acuáticas de ancha cabeza, cola larga y llamativas branquias.

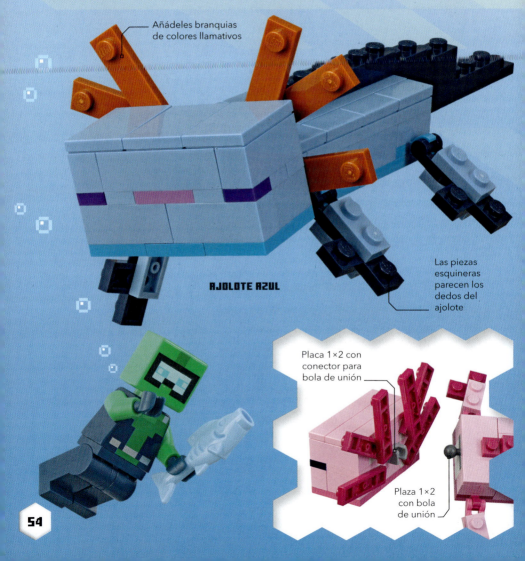

Añádeles branquias de colores llamativos

AJOLOTE AZUL

Las piezas esquineras parecen los dedos del ajolote

Placa 1×2 con conector para bola de unión

Plaza 1×2 con bola de unión

Usa una placa 1×4 con dos espigas para unas branquias ajustables

INTÉNTALO
En Minecraft, los ajolotes siguen a cualquiera que lleve un cubo de peces tropicales. Construye uno con ladrillos y llénalo de pescado (pp. 60-61). También puedes usar el cubo para transportar a los ajolotes.

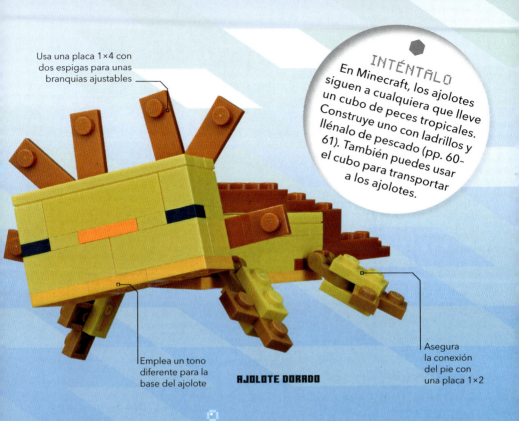

Emplea un tono diferente para la base del ajolote

Asegura la conexión del pie con una placa 1×2

AJOLOTE DORADO

Recrea los ajolotes de Minecraft colocando los ojos y la boca al mismo nivel

Una hilera de placas forma la aleta dorsal y la cola

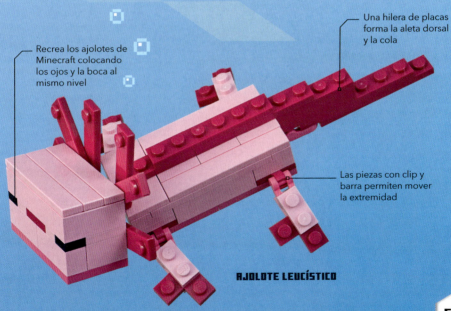

Las piezas con clip y barra permiten mover la extremidad

AJOLOTE LEUCÍSTICO

UNA CASA CREEPER

Confunde a los hostiles creepers con esta casa con la forma de su cabeza. ¿La convertirán en su hogar, dulce hogar, o les dará miedo y huirán?

Recrea el patrón a cuadros de los creepers con distintos tonos de verde

Ventana atrasada para un efecto tridimensional

Este tallo marrón parece un arbusto muerto

El tirador de la pueta es una cubierta redonda 1×1

Un ladrillo estampado de TNT sirve de mesita de noche

Placas 2×4 de color verde lima para la cama

LA CABAÑA DE LA BRUJA

Las brujas adorarán esta cabaña LEGO. Con su gato negro, su jardín lleno de setas y su siniestra mesa de trabajo, es el lugar ideal para crear pociones.

Usa placas con clips y barras para que la cola del gato se mueva

Estas placas marrones apiladas simulan tablones de madera

Añade piezas verdes a modo de enredaderas

Seta con plato 1×1

Usa una gran placa azul para recrear el agua del pantano

Caldero hecho con paneles 1×2 con dos lados

La mesa de trabajo es un ladrillo estampado 1×2

¡Je, je, je!

SÚPER SNIFFER

Toma tus ladrillos verdes y rojos y construye esta criatura buscadora de semillas. La pregunta es: ¿qué hubo primero: el huevo o el sniffer?

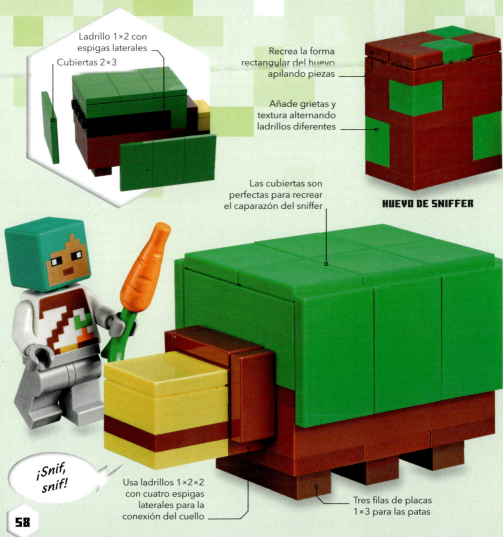

Ladrillo 1×2 con espigas laterales
Cubiertas 2×3

Recrea la forma rectangular del huevo apilando piezas

Añade grietas y textura alternando ladrillos diferentes

HUEVO DE SNIFFER

Las cubiertas son perfectas para recrear el caparazón del sniffer

¡Snif, snif!

Usa ladrillos 1×2×2 con cuatro espigas laterales para la conexión del cuello

Tres filas de placas 1×3 para las patas

LAPICERO AVÍCOLA

Construye un original lapicero para guardar tus útiles de escritura. Puedes darle rasgos funcionales, como la estantería-pico de esta gallina.

Bolígrafo LEGO

¡También es un fantástico hogar!

INTÉNTALO
Aprovecha este proyecto para construir otras cosas, como un vaso para tu cepillo de dientes, un macetero o una caja para guardar tus minifiguras.

Borde liso de cubiertas 1×8

El pico hace de estantería para colocar más útiles de escritura

Construye las paredes altas para aprovechar el máximo espacio de almacenaje

UN BANCO DE PECES

¿Qué puedes encontrar en las profundidades del mar en Minecraft? ¡Peces! Construye un vibrante y colorido banco de peces tropicales, reales o fantásticos.

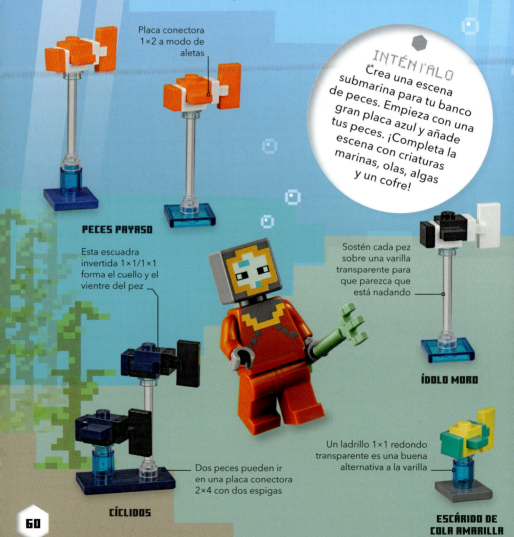

Placa conectora 1×2 a modo de aletas

INTÉNTALO
Crea una escena submarina para tu banco de peces. Empieza con una gran placa azul y añade tus peces. ¡Completa la escena con criaturas marinas, olas, algas y un cofre!

PECES PAYASO

Esta escuadra invertida 1×1/1×1 forma el cuello y el vientre del pez

Sostén cada pez sobre una varilla transparente para que parezca que está nadando

ÍDOLO MORO

Un ladrillo 1×1 redondo transparente es una buena alternativa a la varilla

Dos peces pueden ir en una placa conectora 2×4 con dos espigas

CÍCLIDOS

ESCÁRIDO DE COLA AMARILLA

60

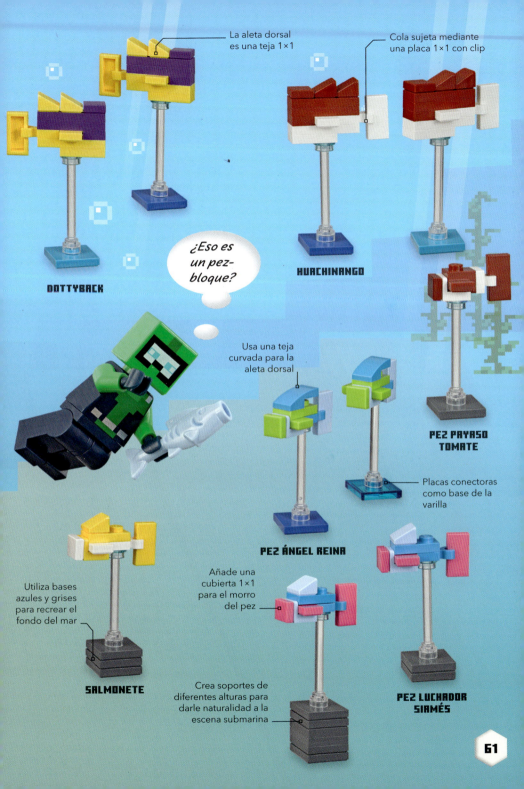

BARCO DEL END

¡Todos a bordo! Embárcate en una fabulosa aventura sobre la ciudad del End en esta microconstrucción. Tiene todos los detalles de un barco más grande, pero menos espacio en los camarotes.

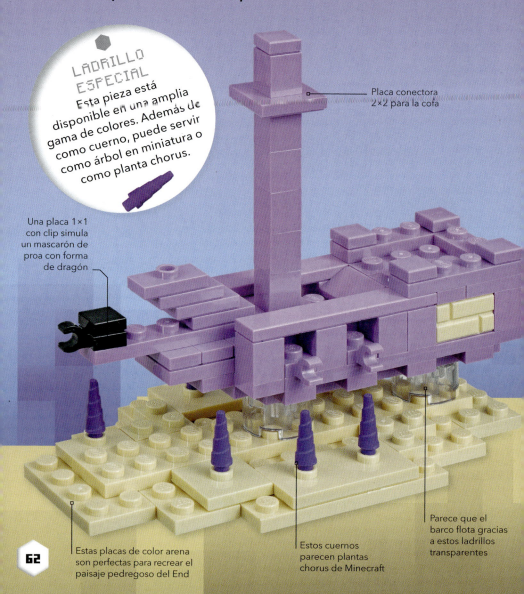

LADRILLO ESPECIAL
Esta pieza está disponible en una amplia gama de colores. Además de como cuerno, puede servir como árbol en miniatura o como planta chorus.

Placa conectora 2×2 para la cofa

Una placa 1×1 con clip simula un mascarón de proa con forma de dragón

Estas placas de color arena son perfectas para recrear el paisaje pedregoso del End

Estos cuernos parecen plantas chorus de Minecraft

Parece que el barco flota gracias a estos ladrillos transparentes

62

DRAGÓN DEL ENDER

Construye el Dragón del Ender y deja volar tu imaginación. ¡Pero mucho cuidado con él! Se defenderá con cada ladrillo, placa y cubierta de su cuerpo.

La conexión esférica permite que las alas se articulen

Añade cubiertas grises a modo de escamas

Cola articulada con conexiones esféricas

Los pies se mueven gracias a las bisagras-clic

¡Que esta batalla termine ya!

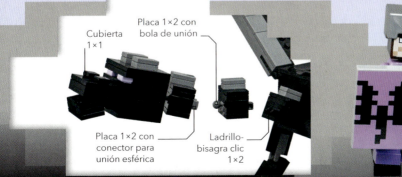

Cubierta 1×1

Placa 1×2 con bola de unión

Placa 1×2 con conector para unión esférica

Ladrillo-bisagra clic 1×2

ESQUELETOS
TIRADORES

Este juego de puntería te encantará. El tirador es un esqueleto con un misil de disparo rápido, y los objetivos, tres maniquíes. ¡Preparados, apunten, fuego!

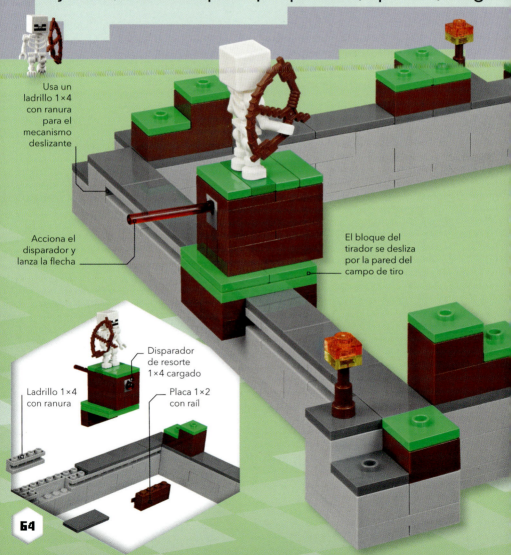

Usa un ladrillo 1×4 con ranura para el mecanismo deslizante

Acciona el disparador y lanza la flecha

El bloque del tirador se desliza por la pared del campo de tiro

Disparador de resorte 1×4 cargado

Ladrillo 1×4 con ranura

Placa 1×2 con raíl

64

CÓMO JUGAR

1. Jugad por turnos. Desliza el bloque del tirador, apunta a uno de los objetivos y ¡dispara!

2. Si derribas el objetivo, tu turno continúa. Si fallas, deberás volver a empezar en tu próximo turno.

3. Gana el primer jugador que logre derribar los tres maniquíes en un solo turno.

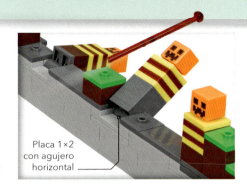

Placa 1×2 con agujero horizontal

DERRIBAR OBJETIVOS

Deja espacio para los maniquíes en la pared y sujétalos con placas 1×2 con agujeros conectados a ladrillos por un pasador. Los maniquíes caerán de espaldas cuando sean alcanzados.

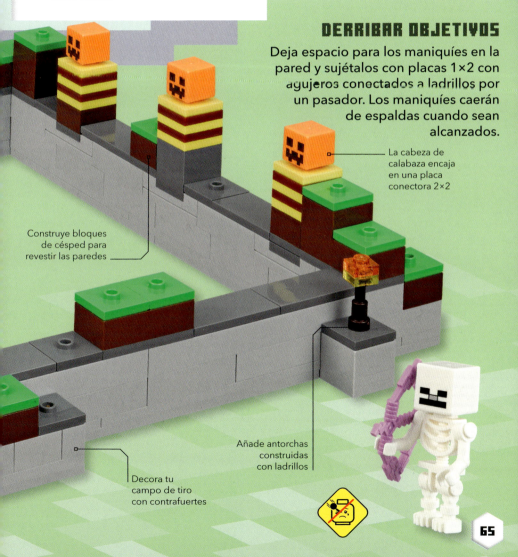

La cabeza de calabaza encaja en una placa conectora 2×2

Construye bloques de césped para revestir las paredes

Añade antorchas construidas con ladrillos

Decora tu campo de tiro con contrafuertes

65

PIRÁMIDE MISTERIOSA

¿Te gustaría excavar en los misterios de la historia? Construye esta pirámide llena de salas secretas, botines y trampas de TNT para ahuyentar a los intrusos. ¡Hará historia!

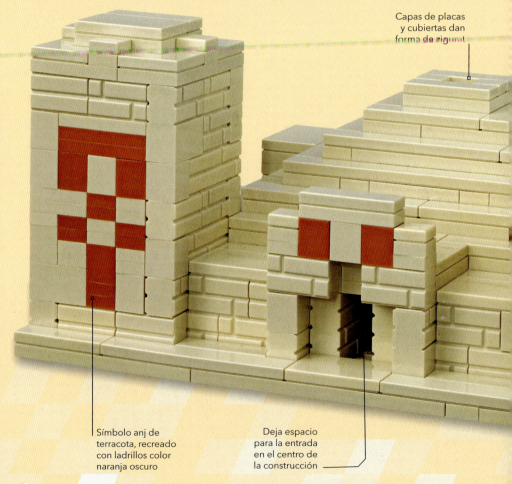

Capas de placas y cubiertas dan forma de zigurat

Símbolo anj de terracota, recreado con ladrillos color naranja oscuro

Deja espacio para la entrada en el centro de la construcción

> **INTÉNTALO**
> ¡La pirámide puede ocultar mucho más que botines y trampas! Puedes esconder un tesoro misterioso dentro de tu construcción y desafiar a tus amigos y familiares para que intenten dar con él.

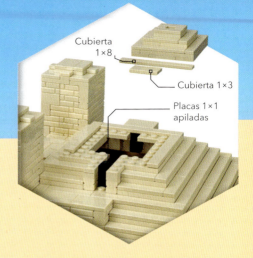

Cubierta 1×8
Cubierta 1×3
Placas 1×1 apiladas

Los ladrillos 1×2 con textura son perfectos para las paredes de la pirámide

¿TRAMPA O TESORO?

Esta sala llena de riquezas guarda un secreto: bajo el suelo hay ladrillos de TNT listos para explotar si una minifigura pisa el detonador. Recrea esta trampa construyendo media sala, con las capas subterráneas a la vista.

Cofre hecho de ladrillos 2×2 y placa conectora

Esta cubierta gris parece el detonador

Une varias placas de diferentes tamaños para la base

INTERIOR DE LA PIRÁMIDE

EN BUSCA DEL DRAGÓN

Reta a tus amigos a una carrera para derrotar al Dragón del Ender. Antes de acabar con él tendrás que sortear todo tipo de peligros, como enredaderas y arañas.

El arco parece un Portal del Inframundo

Usa un ladrillo verde si no tienes una cabeza de creeper

Araña como obstáculo

CAMINO PELIGROSO

Construye un sinuoso camino para los jugadores y agrega luego los obstáculos. ¡Tendrás que volver al principio si caes sobre la cabeza de un explosivo creeper!

¡Estoy listo!

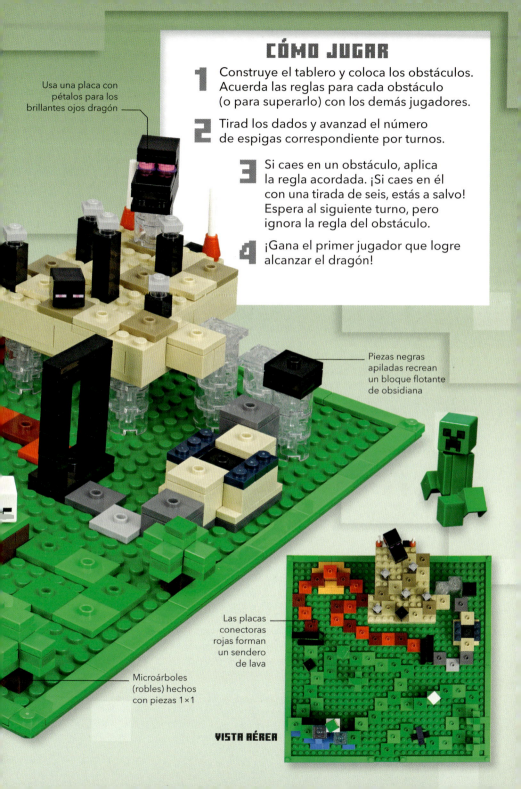

CÓMO JUGAR

1 Construye el tablero y coloca los obstáculos. Acuerda las reglas para cada obstáculo (o para superarlo) con los demás jugadores.

2 Tirad los dados y avanzad el número de espigas correspondiente por turnos.

3 Si caes en un obstáculo, aplica la regla acordada. ¡Si caes en él con una tirada de seis, estás a salvo! Espera al siguiente turno, pero ignora la regla del obstáculo.

4 ¡Gana el primer jugador que logre alcanzar el dragón!

Usa una placa con pétalos para los brillantes ojos dragón

Piezas negras apiladas recrean un bloque flotante de obsidiana

Las placas conectoras rojas forman un sendero de lava

Microárboles (robles) hechos con piezas 1×1

VISTA AÉREA

ESCENA ACUÁTICA: INSTRUCCIONES

¿Quieres sumergirte en el mundo de LEGO® Minecraft®? Puedes empezar construyendo la miniescena acuática que viene con este libro.

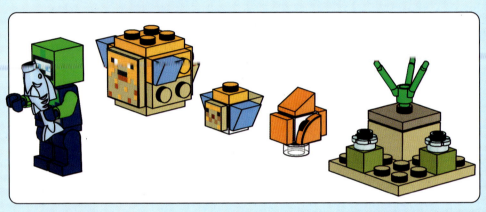

1

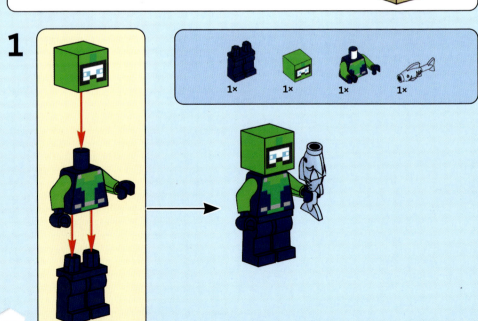

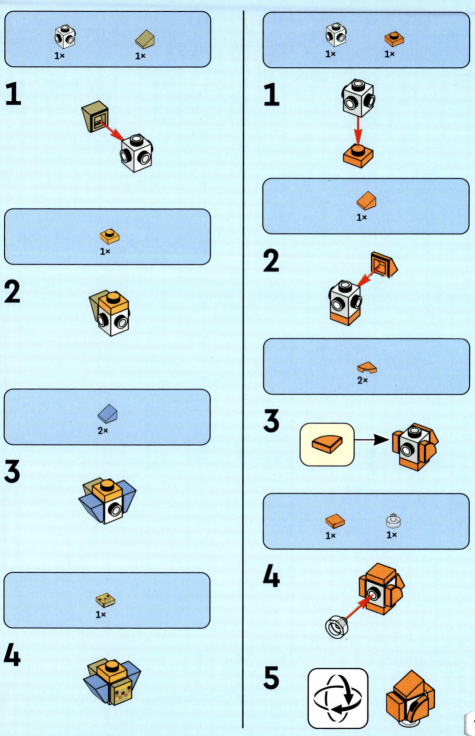

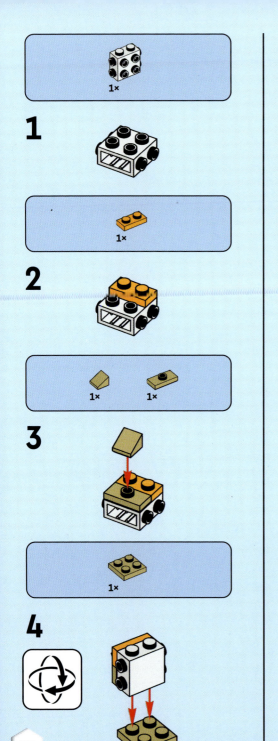
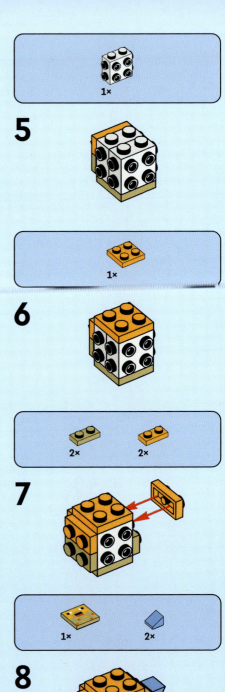

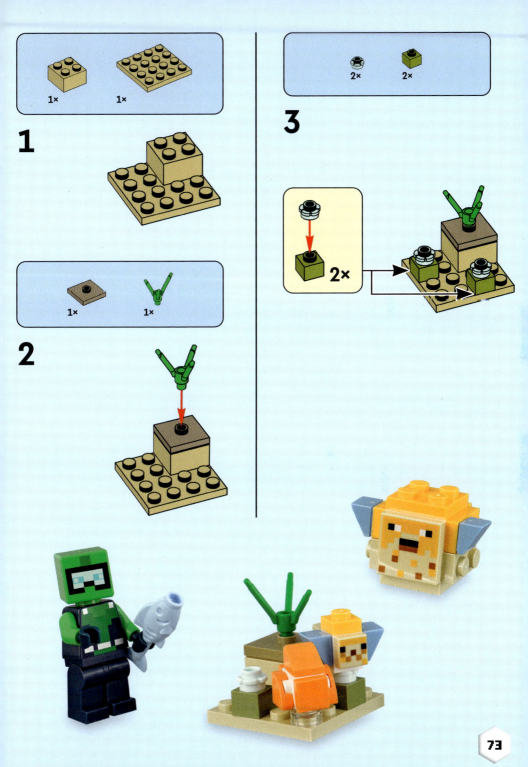

PIEZAS ÚTILES

Todos los elementos LEGO® son útiles, pero algunos lo son especialmente para crear construcciones de Minecraft. No te preocupes si no tienes todas estas piezas; seguro que puedes sacarle partido a las que ya tienes.

LADRILLOS BÁSICOS

Los ladrillos son la base de la mayoría de las construcciones LEGO®. Hay ladrillos de muchas formas y tamaños. El de 2×2 es perfecto para recrear bloques cuadrados de Minecraft.

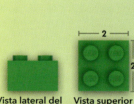

Vista lateral del ladrillo 2×2

Vista superior del ladrillo 2×2

Vista superior del ladrillo 2×4

Vista lateral del ladrillo 2×4

Las placas son más finas que los ladrillos. Tres placas apiladas tienen la misma altura que un ladrillo estándar.

Las cubiertas parecen placas, pero carecen de espigas en la parte superior: su apariencia lisa es genial para las construcciones más realistas.

Las cubiertas impresas son cubiertas con un estampado único. Úsalas para representar elementos específicos de Minecraft.

Tres placas 1×2

Ladrillo 1×2

Placa 1×1

Placa 1×2

Cubierta 1×2

Cubierta 2×2

Cubierta 1×4

Cubierta 2×2 (caja de trabajo)

Cubierta 2×3 (escudo)

Cubierta 2×3 con clips (estandarte de maldeano)

Los ladrillos transparentes se pueden mezclar con los de colores para recrear agua, minerales e incluso lava.

Las tejas son ladrillos con ángulos diagonales. Pueden ser grandes, pequeñas, curvas o invertidas.

Morado oscuro

Teja 1×1×2/3

Rojo

Transparente

Azul oscuro

Teja 1×1

Teja 1×2

Teja curva 1×2

74

CONECTORES

No es necesario apilar ladrillos. Conecta elementos de diferentes formas usando estas piezas.

Las placas conectoras te permiten «saltarte» la cuadrícula habitual de espigas LEGO.

Placa conectora 2×2

Placa conectora 2×4

Hay diferentes tipos de **ladrillos con espigas laterales**. Te permiten construir hacia fuera y hacia arriba.

Ladrillo 1×1 con dos espigas laterales

Escuadra 1×2/2×2

Las piezas con **barra** encajan con las piezas con **clip**. Puedes usar clips como «manos» para sujetar cosas.

Placa 1×2 con clip

Placa 1×1 con barra

Placa redonda 1×1 con barra

Las placas-bisagra dan movimiento lateral a tus construcciones.
Los ladrillos-bisagra se usan para inclinar cosas arriba y abajo. Las **placas con conexión esférica** permiten mover y posar tus construcciones.

Placa 1×2 con conector para bola de unión

Placa 1×2 con bola de unión

Placa-bisagra 1×2

Ladrillo-bisagra 1×2 y placa-bisagra 1×2

PIEZAS INTERESANTES

Da vida a tus construcciones LEGO Minecraft con estos elementos y piezas funcionales, divertidos y con detalles únicos.

Ladrillo luminoso 2×3

Disparador con resorte 1×4

Ladrillo 1×2 con horno estampado

Ladrillo 1×2 con textura

Ladrillo 1×4 con ranura

Placa 1×2 con carril

Dardo

Ladrillo TNT 1×2

ELEMENTOS DECORATIVOS

Estas piezas le conferirán un toque personal o un mayor detalle a tus escenas de LEGO Minecraft.

Cabeza de creeper

Cabeza de calabaza

Cabeza de Enderman

Calavera

Tallo de flor

Telescopio

Tallo de flor marrón

Lingote de oro 1×2

Brote de zanahoria

Cuerno de unicornio

Cubierta 2×2 con pastel estampado

Rana

Conejo

¡Vamos a construir!

75

Edición del proyecto Nicole Reynolds
Diseño Guy Harvey y James McKeag
Producción editorial Marc Staples
Control de producción Lloyd Robertson
Coordinación editorial Paula Regan
Coordinación de arte Jo Connor
Dirección editorial Mark Searle

Diseño y creación de modelos
Alexander Blais y Jonas Kramm

Fotografía Gary Ombler

DE LA EDICIÓN EN ESPAÑOL
Servicios editoriales deleatur, s.l.
Traducción Joan Andreano Weyland
Coordinación de proyecto
Helena Peña Del Valle
Dirección editorial Elsa Vicente

Dorling Kindersley desea dar las gracias a
Randi Sørensen, Heidi K. Jensen, Martin Leighton Lindhardt, Nina Koopmann, Joseph Patrick Kyde y Susan Due, de the LEGO Group; Jay Castello y Kelsey Ranallo, de Mojang; Lara Hutcheson, Julia March, Helen Murray y Tori Kosara, de DK, por la asistencia editorial; y Selina Wood por la corrección de pruebas.

Publicado originalmente en Gran Bretaña en 2024 por Dorling Kindersley Limited DK, 20 Vauxhall Bridge Road, London, SW1V 2SA

Parte de Penguin Random House

Título original: LEGO *Minecraft Ideas*
Primera edición 2025

Copyright del diseño de página
© 2024 Dorling Kindersley Limited

LEGO, the LEGO logo, the Minifigure, and the Brick and Knob configurations are trademarks of the LEGO Group.
© 2025 The LEGO Group.

Manufactured by Dorling Kindersley, 20 Vauxhall Bridge Road, London SW1V 2SA, under licence from the LEGO Group.

© 2025 Mojang AB. All Rights Reserved. Minecraft, the Minecraft logo, the Mojang Studios logo and the Creeper logo are trademarks of the Microsoft group of companies.

© Traducción en español 2025
Dorling Kindersley Limited

Todos los derechos reservados. Queda prohibida, salvo excepción prevista en la Ley, cualquier forma de reproducción, distribución, comunicación pública y transformación de esta obra sin contar con la autorización de los titulares de la propiedad intelectual.

ISBN 978-0-5939-6979-3

Impreso y encuadernado en China

www.dkespañol.com

www.LEGO.com

Este libro se ha impreso con papel certificado por el Forest Stewardship Council™ como parte del compromiso de DK por un futuro sostenible. Para más información, visita **www.dk.com/uk/information/sustainability**

Los creadores

JONAS KRAMM
Jonas es un artista del ladrillo de Alemania al que le encanta visitar mundos de fantasía en sus construcciones LEGO®. Su sueño es vivir en la casa con forma de seta y cuidar de un simpático ajolote.

ALEXANDER BLAIS
Alexander es un constructor de LEGO y estudiante de arte de EE. UU. Su modelo favorito del libro es el de la rana. ¡Le pareció divertido hacer un modelo que pudiera posar, como el del juego!

Tu opinión importa

Escanea este código QR para darnos tu opinión y ayudarnos a mejorar tu experiencia en el futuro.